Peter P. Neuhaus (Hrsg.)

Der Große Dinggang

Ein Preis für Komische Lyrik
Das Beste vom Guten 2017

»Die Tradition muss weiter gehen –
weiter als die Literaturpolizei erlaubt.«

F.W. Bernstein

Wer reimt, hat recht	6
238 Teilnehmende	8
Die Besten der Guten: 5 aus 238	10
Gunnar Homann	13
Robert Koall	25
Stefan Pölt	37
Àxel Sanjosé	49
Philip Saß	61
Die Jury	74
Die Katastrophen Kultur e.V.	80
Die Förderer	82
Dankeschön	85

Wer reimt, hat recht.

Ein Wettbewerb für Komische Lyrik ist eine gleichermaßen geniale wie bescheuerte Idee, die unbedingt mal umgesetzt werden musste – bestenfalls von Menschen, die etwas davon verstehen. Die taten es aber nicht, also mussten wir ran.

Es handelt sich dabei um wahre Liebe. Denn die Komische Lyrik bespielt ja lediglich ein winzig kleines Feld in den Lachfalten des Literatur-Gottes, der sich über derlei Pläne gern mal köstlich amüsiert. Verdienen lässt sich damit jedenfalls nichts.

> *„Wie findste lustige Gedichte?"*
> *„Super, zum Kringeln!"*
> *„Schonmal ein Buch mit Komischer Lyrik gekauft? "*
> *„Nee, wieso?"*

Zwar hat die Komische Lyrik in Deutschland eine lange und große Tradition – gleichzeitig ist sie in der literarischen Wahrnehmung deutlich unterbewertet. Obwohl es gerade unter Zeitgenossen wahre Riesen dieser Literaturform gibt, fristet die Komische Lyrik weiterhin ein Nischen-Dasein.

Anthologien oder gar Einzelveröffentlichungen sind äußerst selten. Von wenigen Ausnahmen abgesehen (Titanic, Wahrheit-Seite von taz, die tageszeitung, Eulenspiegel) gibt es kaum periodische Veröffentlichungsmöglichkeiten mit einem gewissen Wirkungsgrad.

Aber jetzt wird alles anders, also: besser.

Die Katastrophen Kultur e.V. in Menden (Sauerland), die schon immer ein Gespür für das Abwegige, Besondere und Unterschätzte hatte, setzt einen Preis für Komische Lyrik ins Werk. Damit soll dieser literarischen Gattung etwas mehr Luft unter die Flügel gegeben werden. Der Große Dinggang richtet sich an alle deutschsprachigen AutorInnen und teilt sich auf in einen Jury- und einen Publikumspreis. Beide Preise werden bei einer öffentlichen Wettbewerbs-Lesung vergeben und gefeiert.

Der Große Dinggang soll einen Beitrag zur verstärkten Wahrnehmung der Komischen Lyrik leisten. Er will AutorInnen ermuntern, sichtbar machen und zusammenbringen. Zur Preisverleihung erscheint diese Anthologie mit ausgewählten Wettbewerbs-Beiträgen. Sie versammelt die Texte der 5 Autoren, die am 13.5.2017 im Mendener Zimmertheater SCARAMOUCHE um den Publikumspreis gelesen haben. Einer von ihnen erhielt den Jurypreis Der Große Dinggang.

Diesen Wettbewerb gäbe es nicht ohne die Katastrophen Kultur e.V. und sie wäre eine gänzlich andere ohne Janine Bauer. Das muss hier schonmal gesagt werden. Alles andere und mehr Dankeschöns auf den nächsten Seiten.

Peter P. Neuhaus im Mai 2017

…strophen Kultur e.V.
Der große Dinggang
Postfach 2349
58683 Menden
FRANKIT 1,45 EUR
58683 Menden

Dinggang - Gedichte

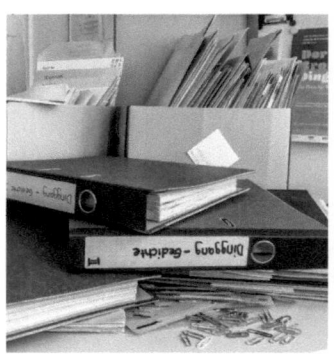

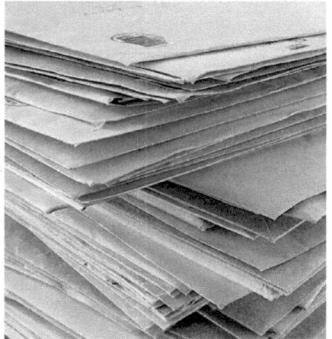

Yeah! Gute Güte! Ist ja der Hammer! 238 Einsendungen!

Im Januar und Februar 2017 waren alle AutorInnen im deutschsprachigen Raum aufgerufen, am Großen Dinggang teilzunehmen. Über Online-Portale und soziale Netzwerke verbreitete sich der Aufruf bis nach Österreich und Frankreich. Es kam sogar Post aus Serbien, Spanien und Niedersachsen. Nur die deutschsprachige Schweiz: Fehlanzeige. Was ist da los, Schweiz?

Zu Beginn der Ausschreibung waren wir noch skeptisch: Mehr als 20–30 AutorInnen werden sich sicher nicht bewerben. Ja, Pustekuchen! Am Ende waren es 238 Einsendungen! Im Intervall von Amateuren bis Profis war alles dabei.

Es war ein Fest, all diese Gedichte lesen zu dürfen: Sonette und freie Formen, Schüttelreime und Knittelverse, blitzschnelle Vierzeiler und umfangreiche Balladen. Tradition und Moderne – alles war da und sichtbar und gut in Gebrauch. Lyrik-Herz, was willst du mehr.

Allen Teilnehmenden sagen wir unseren großen Dank. So weit und breit in den Kosmos der Komischen Lyrik hineinschauen zu dürfen, war uns ein Geschenk. Mit Che Guevara rufen wir also aus: „Schaffen wir zwei, drei, viele Große Dinggangs!"
(Die bräuchte man nämlich, um die Breite und Klasse der eingegangenen Beiträge angemessen darstellen zu können.)

2017 haben wir uns im anonymisierten Verfahren für fünf Autoren entschieden. Das werden wir 2019 wieder tun. Bis dahin gilt: Dranbleiben, weiterreimen – und schreiben, bis Blut kommt.

Die Besten der Guten:
5 aus 238

238 Umschläge wurden geöffnet, geprüft und sortiert. Biografien und bibliografische Informationen wurden von den zuvor anonymisierten und mit Kennworten versehenen Gedichten getrennt. Die Texte wurden gescannt und an die Jury vermailt.

So stapelten sich im Lauf des Wettbewerbs auf den Festplatten von Corinna Stegemann, Thomas Gsella, Christian Maintz und Peter P. Neuhaus bald über 2.000 Seiten Komischer Lyrik. Etwa zehn Gedichte pro Einsendung, ohne Hinweis auf die VerfasserIn; lyrische Schönheit in all ihrer Kargheit und Sprachwucht. Dieses Konvolut wurde im Lauf von zehn Wochen an vier Orten der Republik jeweils komplett gelesen, bewertet, gegengelesen, verworfen, verglichen, verflucht und belacht.

Ende März 2017 einigte sich die Jury auf Kandidaten für die Endrunde in Menden. In überraschender Einigkeit bewerteten drei Juroren die gleichen fünf Beiträge als die besten. Die vierte Jurorin favorisierte ebenfalls drei dieser fünf Einsendungen.

Und so sind die Kandidaten für die Endrunde des Großen Dinggangs eine fast einstimmige Entscheidung. Gunnar Homann, Robert Koall, Stefan Pölt, Àxel Sanjosé und Philip Saß haben sich aufgrund der Qualität ihrer Texte durchgesetzt und sind eingeladen, sich dem Mendener Publikum zu stellen – eines der kritischsten Lyrik-Publika der bekannten westlichen Welt.

Zum Verkaufsstart dieses Buchs stehen die Gewinner fest und die Konfettikanonen haben bereits geknallt. Peng!

Gunnar Homann

Geboren 1964 in Mannheim. Der studierte Sportwissenschaftler ist Redakteur beim Magazin „outdoor" und schreibt seit 20 Jahren für „Titanic".

Buchveröffentlichungen
All Exclusive, DuMont, Köln, 2011
Die letzten Fragen der Menschheit, Carl's Books, München, 2012

Die Gedichte Liebe Today, Wie „sie" es treibt, Können, Dürfen, Können, Sollen, Vater/Kind und Zwei Hasen sind erschienen in Gunnar Homann, „Die letzten Fragen der Menschheit", © 2012 carl's books, München. Der Abdruck erfolgte mit freundlicher Genehmigung von carl's books.

Tassenfrauen

Kaum schwebt der erste Schnee aufs Land
Und tupft die müden Auen,
Erscheinen wie von Zauberhand
Auf Fotos Tassenfrauen.

Sie wissen nichts von AFD,
Pegida, Krieg und Zinsen.
Sie klammern sich an Früchtetee
Und grinsen in die Linsen.

Nur eine Hand reicht ihnen nie,
Der Fotograf will beide.
„Und denk, wenn ich die Knipse zieh,
an Lüneburger Heide!"

So träumen sie in ihren Trank
Und schlürfen ihn in Massen.
Doch fehlen selbst im größten Schrank
So irgendwann die Tassen.

Orthographie fürs Studium

Da sitzt sie nun und korrigiert
Mit kreidebleichen Wangen.
Sie liest den Text hochkonzentriert,
Die andern sind gegangen.

Der Chef ein Arsch, die Brille drückt:
Es liegt wohl an den Gläsern.
Die Dinger machen sie verrückt.
(Man muß die Augen lasern.)

Fünf Euro bringt die Korrektur
In einer Arbeitswoche.
Ihr Praktikum geht bis null Uhr –
Recht kurz für die Epoche.

So schmort sie nachts im Funzellicht,
Etwas in ihr schreit Rache:
Die Schweine merken sicher nicht,
wenn ich den Strich reinmache.

So kam der Apostroph ins fürs,
Und da tat er auch bleiben.
Und jetzt dann bitte weiter hübsch
Für's die Elite schreiben.

Gunnar Homann

Hälfte des „Lebens"

Mit 42 stellt er fest:
Da war kein Abenteuer
Einmal im Jahr Familienfest
Zum Sommeranfang Steuer.

Der Reifenwechsel kommt im Lenz
Im Herbst dann gleich schon wieder
Zweimal im Jahr ist die Frequenz
Dazwischen blüht der Flieder.

Den Müll stellt er am Montag raus
Er würde sonst wohl stinken.
Sein Standing, Quatsch: Prestige im Haus
Möglicherweise sinken.

Er mag das Bier, er ißt gern viel
Und schimpft auf die Regierung,
Er träumt von Sieg und Liebesspiel
Am Rücken: Tätowierung.

So sitzt er schwer am Thekenplatz
Und seufzt: alles beim Alten
Er ordert noch ein Bier und denkt:
So will ich's immer halten.

Zwei Hasen

Zwei Hasen auf der Wiese
Das Glück war ihn' verwehrt
Sie wollten gerne rammeln
Doch einer war: ein Pferd.

Liebe today

Wenn Mond mit Licht und Silber
Die Sommernacht umfängt
Und Liebe Menschenherzen
Mit ihrer Macht bedrängt
Wenn Seelen sich erkennen
Und Scheu sich Süße neigt
Wenn loh die Lippen brennen
Und einer leise geigt:
Ja wie geil ist das denn?

Wie „sie" es treibt

Die Menge klatscht im Gegentakt,
Die Ersten ziehn sich aus.
Da hinten sind schon manche nackt,
Ein Ordner klatscht Applaus.

Schweiß fließt wie Bier, Musik am Ziel:
Die Frauen schmeißen Höschen.
Und aller Stoff, der übrig ist,
Kommt aus Feinsilberdöschen.

Jetzt schwenken sie ihr Feuerzeug,
Das nimmt dem Leben Härten.
So treibt sie es, die Mittelschicht,
In ihren Bachkonzerten.

Gunnar Homann

Können, Dürfen, Können, Sollen

Es läßt uns Hominiden*
Der Stillstand keinen Frieden.

Der Haken an der Sache ist:
Wer alles macht, was möglich ist,
Baut irgendwann den größten Mist.

Deswegen darf das Können
Nicht gleich ein Dürfen sein –
Als ziemlich gutes Beispiel
Fall ich mir selber ein:

Ich tat, was mir leicht möglich war,
und hätt es doch nicht sollen:
Benzin in einen Dieseltank
(beim Ford von meiner Ollen).

MenschenARTIGE

Vater/Kind

Was bringst du mir, O edler Vater?
Karten für das Stadtheater?

Nein.

Was ist es dann, du großer Schenker?
– Mein Kind, es ist ein Fahrradlenker.

Ist denn alles, was du tust, für mich?
Gewiß, mein Kind, ich liebe dich.

Er arbeitet im Bioladen

Er stellt Quinoa ins Regal,
Tamari, Banchi, Nori,
Auf Gläsern klebt das Taj Mahal —
Das ist wohl das Tandoori.

Nach hinten kommen Biodips,
Nach vorn der Seitansbraten.
Dazwischen stehen Algenchips,
Der Rest: Abteilung „Saaten".

Zwölf Euro kostet Sojamehl,
Für zehn gibt's Veggie-Korma.
Er macht sich auf den Weg nach Haus
Und kauft sein Brot bei Norma.

Damit das auch mal klar ist

Kalk, Bauxit und auch Basalt
Sind mir alle viel zu alt.

Granit ist Shit. Gneis ist Scheiß.

Tropf- und Bims- und Buntsandstein
Finden höchstens Schweine fein.

Dolomit und Tuff und Schlacke:
alle ziemlich große Kacke.

Kalk, Konglomerat und Sinter:
Groß in Mode! (letzten Winter).
Lava, Gips und Kaolin
Kriegen wirklich gar nichts hin.
Bleibt der Lapislazuli
Aber den sieht man ja beinah nie.

Robert Koall

Geboren 1972 in Köln, lebt in Düsseldorf.
Der Chefdramaturg und stellvertretende Generalintendant am Düsseldorfer Schauspielhaus hat zahlreiche Romane für die Bühne bearbeitet, darunter Aldous Huxleys „Schöne neue Welt", Cornelia Funkes Tintenwelt-Trilogie und Wolfgang Herrndorfs Roman „Tschick". Er ist Mitglied der Sächsischen Akademie der Künste.

Buchveröffentlichungen
Dresden. Ein Winter mit Pegida. Hanser Verlag, München 2015
Mein Kampf – gegen Rechts. Mit Sebastian Schlecht, Michael Kraske, Fredy Gareis, Anna Wengel, Annette Leyssner, Thomas Krause, Robert Koall und Lutz Meier. Vorwort von Iris Berben. Europa-Verlag, Berlin

Veröffentlichungen in „Titanic" (Fachmann et al.)

Über Staubmäuse

Ein paar Gramm Schuppen, Horn und Haar
fall'n täglich ab von mir.
Und sammeln sanft von Luft bewegt
sich hinter meiner Tür.
Als Staubmaus liegen sie dann da,
unwert und unbeseelt;
dem Kosmos abgetrotzter Müll,
dem Ziel und Wille fehlt.
O führe doch ein göttlich Geist
in diese Staubmaus ein!
Erschüf mich neu und machte aus
dem einen Ich nun zwein!
Dann säß ich nicht alleine hier
und hätte ein'n zum Saufen ...
Warum nur muss es immer so
und kann nicht anders laufen?

Gedicht für meinen Dresdner Nachbarn

Du bist ja für den Okzident
und seine Traditionen.
Fürs Christentum und – sackzement:
für wehrhafte Nationen.
Und gegen scheiß Amerika!
Der Putin, der macht's richtig!
Von daher: Bachmann. Sonnenklar,
der Mann ist gut. Und wichtig.
Wir haben unsere Sitten hier!
So war dis stets jewesen.
An deutschen Bräuchen, Wurst und Bier
soll's Abendland genesen!
Doch nun steht heut zu Halloween
Dein Kind auf meiner Matte.
Will Snickers, Mars und Jelly Bean
und Vollmilchschokolatte.
Ganz sicher ist's in Deinem Sinn,
dass ich dem Kind nichts gebe.
Wo kämen wir denn bitte hin?!
Das Abendland! Es lebe!

Robert Koall

Als mal Weingummi bei uns im Klo lag

Ein Gummibär von Haribo
liegt seit zwei Tagen schon im Klo
und trotz den Elementen.
Obwohl er in der Scheiße steckt,
blieb er anscheinend unbefleckt
von unsern Exkrementen.
Der Bär soll Dir ein Vorbild sein.
Bleib stets so standhaft, süß und rein!
Tu's gleich dem kleinen Bären!
Dann machst Du Deine Kinder froh
und die Erwachs'nen ebenso.
Das will der Bär uns lehren.

Käsehaiku

O, Old Amsterdam
namnamnamnamnamnamnam
namnamnamnamnam

Dialog

- Wie war die Soiree mit Lyrik?
- Eher anstrengend und schwyrik.
- Wenigstens voll Poesie?
- Nein, poetisch war sie nie.
- Ein gescheiter Reim?
- Neim.

Frühling

Ja, Frühling ist!
Der Raps sprießt derb.
Das blaue Band und so.
Wenn man jetzt pisst,
dann riecht es herb
nach Spargel auf dem Klo.

Und Blumen blühn.
Und Pollen schwebt.
Und die Libido zuckt.
Die Kniekehln glühn.
Die Nase klebt.
Die Allergie, sie juckt.

Ja, Fühling ist!
Und wer ihn mag,
den stimmt er sicher froh.
Ich find ihn Mist.
Ich freu mich stark
auf Winter, Herbst & Co.

Robert Koall

Liebesgedicht

Schöne REWE-Kassiererin! /
Was siehst Du, /
wenn Du mächtig wegschaust, /
um meinen PIN-Code nicht zu sehen?

Ausflug

Frauen: graue, busenlose
Männer: ohne Arsch in Hose
Häuser: maximal vier Stöcker
Zookamele: ohne Höcker
Straßen: schnurgrad-unbehügelt
Ganzes Stadtbild: wie gebügelt

Alles ist hier platt, flach.
(Ich war heut in Gladbach.)

Stinkendem Käse zugeeignet

Des Tages mühevolles Werk /
Ward dagebracht, O Last, O Fron /
Die Ernte eingefahr'n /
Karg war der Lohn.

Des langen Tages Mühe lohnt /
Nichtsdestotrotz, O Freud, O Glück /
Denn stinkend vor mir liegt /
Ein Käsestück.

O Romadur, O Romadur /
Du bist vergor'n Sekret doch nur /
Stinkst vor und nach dem Essen /
Noch heftig aus den Fressen.

Doch schenkst Du nachts dem Trinker Trost /
Schenkst Frieden Seel' und Magen /
Ich glaub, ich könnt' noch, oja, doch:/
Ein'n könnt' ich noch vertragen.

**William Shakespeare,
Sonett für einen DSL-Router**

Nach sieben Wintern unerhörter Minne
Die tot das Netz in meiner Wand schon ruht
Bot sich ein Ausweg mir in jenem Sinne
Dass bald ein Router tut, was er halt tut.

Doch dieses Wunderding nun anzuschließen
Ist Anlass mir zu Ohnmacht, Hass und Wut
Ich bitt Dich, alter Freund, mich zu erschießen
Denn nichts wird niemals jemals wieder gut.

Ich stopf das Kabel einfach in die erste
Der Buchsen, die das Scheißteil hinten hat
Und hoffe, dass ich nicht vor Welthass berste.

Warum nur geht die Technik niemals glatt?!
Das Kabel passt – es klickt – und ich beginne
Zu surfen, einfach so, ich glaub, ich spinne.

Robert Koall

Stefan Pölt

Geboren 1962 in München

Buchveröffentlichungen:
LACH-HAFT, Stefan Pölt u.a.
Verlag Die Kunstfechter, Saarbrücken, 2011
DAS GROSSE REIMEMACHEN
Verlag Die Kunstfechter, Saarbrücken, 2012

diverse Beiträge in Zeitschriften
diverse Beiträge in Büchern

www.stefan-poelt.de

Doppelmord

„Mensch, Ruth, ich hab hier grad gelesen,
Frau Schmidt von nebenan ..." *„Der Besen?"*
„Genau, die lag seit Wochen tot in ..."
„Wen wundert das, bei der Despotin!?"

„Na, jedenfalls in ihrer Wohnung
lag ..." *„Jochen, gibt es 'ne Belohnung?"*
„Ich glaube nicht ..." *„Wär doch berechtigt!"*
„Kann sein, auf jeden Fall verdächtigt

man ihren Mann ..." *„Den armen Softie!"*
„... er hätte sie ..." *„Weißt du, wie oft die
ihn schon gereizt hat?"* „Ja, natürlich.
Jetzt hat er ..." *„Komm, erzähl ausführlich!"*

„... sie wohl erwürgt mit seinen Händen
und dann ..." *„Die musste ja so enden!"*
„... zerstückelt und verpackt in Kisten ..."
„Ich kannte auch mal ..." „Ruth!!" *„Was ist denn?"*

„Jetzt rede ich!" *„Schon gut, ich schweige ..."*
„Inzwischen gab's 'ne Selbstanzeige.
Herrn Schmidts Motiv ..." *„Was war es, Jochen?"*
„Sie hat ihn ständig unterbrochen!!"

Therapieresistent

Als Erster erhebt sich der biedere Peter
und trägt seinen neuesten Zweizeiler vor.
Die Stimme klingt etwas nach Handelsvertreter –
Beachtung erfordernd und dennoch sonor:

„Was haben im Dichterhirn Zellen gemeinsam?"
Es folgt eine kunstvolle, kleine Zäsur.
„Stirbt eine davon, ist die andere einsam!"
Er schaut in die Runde, doch diese bleibt stur.

Kein Lachen, kein Grinsen, nur eisiges Schweigen,
die Stimmung im Saal wirkt verschlossen und kühl,
als hätte er eben nur Todesanzeigen
verlesen, für Peter ein blödes Gefühl.

Als Nächster steht Ernst auf, ein schüchterner Kleiner,
mit einem Gedicht über Anglerlatein
und mittendrin grummelt der grimmige Heiner:
„Was soll denn so witzig an ›Partnerwal‹ sein?"

Ein jeder kommt dran und so geht es noch weiter,
die Rolle des Lesenden wechselt reihum.
Die Werke der Dichter sind größtenteils heiter,
das Publikum aber bleibt gnadenlos stumm.

Am Ende löscht einer der Truppe die Lichter,
am Boden liegt einsam ein Zettel mit Reim.
Die Selbsthilfegruppe ›Humorlose Dichter
von lustigen Werken‹ geht stillschweigend heim.

Stefan Pölt

Tanz der Leiden schafft

Er wiegt die Frau mit einem Schlenzer –
im Tangotänzer
ist grad der Lenz erwacht.

Simone schlingt die langen Beine
galant um seine,
wie das sonst keine macht.

Sobald er durch die Vorverlegung
der Drehbewegung
sie in Erregung bringt,

wirft sie den Kopf in ihren Nacken,
dass von den Hacken
ein scharfes Klacken dringt.

Und man kann es förmlich spüren,
dieses sinnliche Berühren,
um den Partner zu verführen.

Da stolpert Karl und das ist schade –
die Promenade
war sein Paradeschritt.

Er will sich halten, aber leider
reißt auch noch bei der
Aktion ihr Kleid er mit.

Durch diesen Fehlgriff steht Simone,
die Tanzikone,
fast oben ohne da.

Sehr tiefen Einblick offenbart'se,
als man 'ne Warze
durchs kleine Schwarze sah.

Und so macht sie nach dem Tanze
statt erotischer Romanze
ihm 'ne Szene – dann verschwand'se ...

Häusliche Berufsberatung

„Ach Mutter, ich weiß nicht, was soll ich mal werden?"
„Mein Kind, es gibt tausend Berufe auf Erden.
Was macht dir denn Spaß? Hast du etwa Talent in
Intrigen und Machtkampf, dann werde Regentin."

„Nein, Mutter, da hat man doch viel zu viel Stress in
der täglichen Arbeit – wie wär's mit Prinzessin?"
„Ich weiß nicht, ich fände es besser, du strebst in
der römischen Kirche hinauf bis zur Päpstin.

Wie meine Bekannte, zum Beispiel, die lebt in
dem Kloster von Athos als griechische Äbtin."
„Was sagst du da, Mutter? Man kommt nur als Mann in
das Kloster ..." „Na sowas?! Dann werd halt Tyrannin.

Du liebst doch Schikane und quälst uns bis spät in
die Nacht ..." „Halt, jetzt hab ich's – ich werde Poetin!"
„Poetin? Die schreibt doch so Lyrik und Dichtung?"
„Hab Dank für den Wink in die richtige Richtung!"

Berühmte Dialoge

Gunter Sachs zu Dolly Buster:
Ach, die Frauen sind mein Laster ...
Ja, ich merk's, meint Dolly. Gunter,
geh von meinem Körper runter!

Abel sprach zum Bruder Kain:
Schlägst du mir den Schädel ein?
Darauf meinte Kain zu Abel:
Quatsch, das ist nur Christenfabel.

Stephan Derrick hört man sagen:
Harry, hol schon mal den Wagen!
Dieser aber kontert: Stephan,
der springt immer nur beim Chef an!

Gretchen tadelt Dr. Faust:
Teufel auch, bist du zersaust!
Der erwidert: Liebes Gretchen,
das liegt nur am Zimmermädchen.

Franz umflirtet seine Sissi:
Komm, wir lieben uns a bissi.
Doch die Sissi wehrt sich: Franz,
wie denn – bei dem kleinen Schwips?

Stefan Pölt

Tierischer Zoff

„Was riechst du mit dem Deo zart?"
lobt seine Frau der Leopard,
doch die erwidert resolut:
„Das täte dir genauso gut!"

Nach Trennung von dem Bibermann
verfiel die Frau in Fieberwahn:
„Ach, wie ich diesen Typ vermiss
mit seinem leichten Überbiss!"

Es sprach die Frau zum Seidenspinner:
„Sei still! Ich sah euch beiden in 'ner
versteckten Ecke bei den Röschen –
und sie trug nur ein Seidenhöschen!"

„Zum Kuckuck!", schimpft die Schleiereule,
„Was riecht hier so nach Eierfäule?"
Worauf ihr Mann, vor Schreck verdutzt,
verlegen seine Federn putzt.

Zwangsläufig

Durch Täler schlängelt sich ein Fluss,
nicht, weil er will, nein, weil er muss.
Denn harter Stein und Fels zuhauf
verbauen ihm den freien Lauf.
Gequält mäandert er durchs Land
und wünscht sich feinen Wüstensand.

Am Ufer wandert einer still,
nicht, weil er muss, nein, weil er will.
Er folgt den Kurven und bestaunt
die Uferlandschaft gut gelaunt.
So führt's zu Freude und Verdruss,
wenn einer kann, der andre muss.

Sauber!

Die Putzfrau zeigt viel Geschick
bei ihrem Schmutz-weg-Saubertrick
und wurde deshalb oft gebeten,
als Sauberkünstler aufzutreten.

Sie schaffte es, selbst zwischen Tischen,
dem Publikum eins auszuwischen.
Doch einmal saßen von der Steuer
zwei Herren dort – das wurde teuer!

Schnell prüften die Finanzbeamten
der Putzfrau Konten (die gesamten),
sie waren schließlich echte Kenner
der Szene aller Saubermänner.

Ihr half kein Reinigungsbestreben,
zu vieles war noch zu erheben.
So flüchtete sie, wie es hieß,
ins Schweizer Scheuerparadies.

Die Katze aus dem Sack gelassen

Die Spatzen pfiffen es vom Dach,
zuerst noch vorsichtig und schwach,
doch dann rotzfrech und ungeniert:
„Der dicke Karlo wird kastriert!"

Sie schnatterten und flatterten
um den noch ganz verdatterten,
verwöhnten Kater: „So, du Held,
nimm Abschied von der Damenwelt!"

„Du hast ...", sie hüpften wutentschnaubt
„... die frisch geschlüpfte Brut geraubt.
Das rächt sich, alter Vogelschreck –
jetzt nimmt man dir die Eier weg!"

Stefan Pölt

Irrungen und Wirrungen

Liebe Freunde deutscher Sprache,
ja wo kämen wir da hin,
wenn man ihre Regeln brache,
bröche, bräche ... ohne Sinn?

Nein, es ist schon rein moralisch
eines jeden Autors Pflicht,
dass er auch grammatikalisch
durch korrekte Form besticht.

Stellt Euch vor, ein Schreiber schröbe,
dass sein Text das Sprachniveau
deutlich ›hebte‹ anstatt ›höbe‹ –
und das coram publico!

Ob die Leser ihm verzeihten
angesichts des Sprachverfalls?
Grade die Besonderheiten
sind der Wörtersuppe Salz!

Schrübe er ›von dingerficken
Löchern‹, wär das auch kein Deutsch,
lässte außerdem tief blicken –
sind doch solch Verschreiber freudsch.

Àxel Sanjosé

Geboren 1960 in Barcelona, lebt seit 1978 in München.
Der Lyriker und Übersetzer katalanischer und spanischer Lyrik studierte deutsche Philologie, arbeitet hauptberuflich in einem Designbüro und hat einen Lehrauftrag am Institut für Komparatistik der LMU München

Buchveröffentlichungen:
Gelegentlich Krähen, Landpresse, Weilerswist, 2004
Anaptyxis, Rimbaud, Aachen, 2013

Preise/Stipendien
Stipendium der Stiftung Niedersachsen 2006,
Zweiter Platz Günter-Bruno-Fuchs-Literaturpreis 2008,
Arbeitsstipendium des Freistaats Bayern für Schriftstellerinnen und Schriftsteller 2010

Auberginen

O Berginen, o Berginen,
von den Bäumen ess' ich ihnen,
mit Prikosen, mit Prosinen
aus den fernen Apenninen.

Endivien

Wenn all die schönen Frauen
in Straßencafés sitzen
und mit den Augen schauen,
als würfen sie mit Blitzen,

wenn sie Salat bestellen,
ein Glas Prosecco trinken,
derweil die Hündlein bellen
und Freunde herzlich winken

(und Rom nur mäßig finden
und schwärmen von Bolivien),
dann denk ich beim Verschwinden:
Auch ich war in Endivien.

Erbsen und Möhren

Wie Kölner ohne Kölsch,
wie Hirsche ohne Röhren,
wie Kuwait ohne Öl,
wie Kiefern ohne Föhren,
wie Döner ohne Ö,
wie Dänen ohne Öre,
wie Kaviar ohne Stör,
wie Kierk'gaard ohne Sören –
mein Kind so ungefähr
wär'n Erbsen ohne Möhren.

Feldsalat

O Feldsalat, o Feldsalat,
wie grün sind deine Blätter.
Es tut mir leid, das ist banal,
doch so verhält sich's nun einmal.
O Feldsalat, o Feldsalat,
wie grün sind deine Blätter.

Fencheltee

Gestern trank ich Fencheltee,
abends und in einem Garten.
Musste sitzen, musste warten,
da erschien die Fenchelfee
mit dem Silberhauch, dem zarten.
Ich ertränkte mich im See,
doch sie brüllte: Hier sind Karten!
Und der Silberhauch erwies sich
als ganz passabler Skatbruder.

Ingwer

Ingwer hat mein Essen
fürchterlich versaut.
Ingwem hab ich dafür
auf den Kopf gehaut.

Kohlrabi

Kohlrabischwarz ist meine Seele,
kohlrabiblau ist mein Gemüt,
kohlrabiwild schreit ich zu Taten,
kohlrabivoll kehr ich zurück.

Lauch

Es waren einst drei Freunde:
der Bär, der Knob, der Schnitt.
Mann nannt' sie die Erlauchten,
sie becherten und rauchten
und machten alles mit.

Ihr Lauch war bald verblichen,
sie fassten nie mehr Tritt:
Der Bär ist längst gebunden,
der Knob ist ganz verschwunden,
der Schnitt, der heißt jetzt Schmidt.

Àxel Sanjosé

Schinkenbrot

Nach Hauff & Seume in Zugabteilen zu singen

I
Schinkenbrot, Schinkenbrot,
würgest mich so früh zu Tod'?

II
Wo Menschen Schinkenbrot essen,
da lass dich ruhig nieder,
denn schinkenbrotessende Menschen
haben keine Lieder.

Teewurst

Warum nur, Teewurst, heißt du so?
Wer gab dir diesen Namen?
Ein Metzgerssohn aus Gütersloh?
Ein Brite kurz nach Waterloo?
Terenz in seinen Dramen?
Stammst du vielleicht aus Tokio?
Taufte dich Herzog Tassilo?
Und sag, falls noch im Rahmen:
Heißest du ›Seewurst‹ anderswo?
Wie rufen dich die Flamen?

Philip Saß

Geboren 1988 in Kiel, lebt in Dänischenhagen.
Er studierte Germanistik und Geschichtswissenschaften
in Marburg und Kiel und schloss das Studium mit einer
Arbeit über den gespaltenen Reim in der komischen
deutschsprachigen Lyrik des 20. und 21. Jahrhunderts ab.

Veröffentlichungen in Zeitschriften:
EXOT
Titanic (auch Online)

dasgedichtderherrschendenklasse.de

Deutsche Reime
Werbeverse für Thilo Sarrazins 2016 veröffentlichtes Buch „Wunschdenken"

Das Land zerbricht, der Syrer sticht
und plündert nach Belieben.
Ich bin entsetzt und habe jetzt
ein Buch dazu geschrieben.
Ich zähle zwar auf Ihren Kauf,
doch führ schon mal die Thesen auf:

Europa fällt, da alle Welt
als Flüchtling akzeptiert wird.
Das Ende naht, weil unser Staat
seit Jahren falsch regiert wird:
Doch auf der Seite 108
erklär ich, wie man's richtig macht.

Die Währung wankt, die Wirtschaft krankt,
VW liegt brach: so traurig!
Was Wolfsburg war, wird Kandahar. –
Wen das nicht rührt, bedaur ich.
Sie schätzen Geld so sehr wie ich?
Dann investieren Sie's in mich!

Zur Bildung: Bernd aus Freital lernt
nun nicht mehr richtig rechnen,
denn Ibrahim entwendet ihm
die Zahlen (was ich frech nenn!).
Die Jugend liest heut Böll und Co.
statt Weininger und Gobineau.

Die Migration schlägt unsre schon
bisweilen groben Epen
in Sachen Blut. Nun ist es gut,
wir brauchen eine le Pen!
Statt Merkel, Morus, Bloch: Pegi-
da sei uns Deutschen Utopie!

Mehr steht nicht drin. In diesem Sinn:
Auf dass mein Buch uns rette!
Erstehn Sie's fein in Leinen ein-
gebunden / auf Diskette,
Und lesen Sie es *ganz* genau!
Ich schließe nun mit Grüßen. Ciao.

Romanze

Sie lernten sich im Einzelhandel kennen:
Er saß als Praktikant am Kassenband,
sie führte eine Waffe in der Hand.
(Ich brauche das Motiv wohl kaum zu nennen.)

Er gab ihr alle Scheine, die er fand,
und wünschte plötzlich, mit ihr durchzubrennen.
Sie nahm das Geld, um eilig fortzurennen.
Da stand er auf und ist ihr nachgerannt.

Wieso? Wozu? Das fragt nur der, der nie be-;
begriffen hat, was dieses Wort meint: Liebe. –
Sie flohen folglich froh ins Abendrot

und lachten wild. Und schmiedeten schon Pläne.
Da schoss die Polizei die beiden tot.
(Was ich nicht gern, doch pflichtbewusst erwähne.)

Beweisführung

Der Staatsanwalt erörtert das Geschehen:
„Sie stachen grob auf Ihren Gatten ein,
dann schnitten Sie ihn kunstvoll kurz und klein
mit einem Messer, wie Sie hier eins sehen."

Er hält es hoch und lächelt sehr gemein.
„Nun wolln wir zur Entsorgung übergehen:
Sie schmissen seinen Kopf, den Rumpf, die Zehen,
die Arme und die Beine in den Rhein.

Dann wuschen Sie sich Ihre beiden Hände
(wer noch zwei Hände hat, der hat es gut),
Sie wischten resolut das Blut vom Hut,

und fuhren frohgemut nach Hause. Ende." –
Da ruft sie: „Quatsch! So war es nicht, i wo! Der
Mann liegt doch nicht im Rhein, nein! (In der Oder.)"

Philip Saß

Die rettende Idee

Da saß er nun. Er hatte sich verbrochen,
der Überfall gelang ihm nur zum Schein.
Ihm glückte noch die Flucht nachhaus, allein:
Da saß er nun – ich hab es angesprochen.

Da saß er nun und machte sich so klein,
wie's anatomisch ging (Erschwernis: Knochen).
Er hatte sich in einem Schrank verkrochen,
denn draußen trafen schon die Bullen ein.

Da saß er nun. Für Stunden? Tage? Wochen?
Wann würde ihm Justitia verzeihn?*
Hier enden? Nein, er könnte sich befrein! ...

Da saß er nun und hörte plötzlich Pochen
und Polizisten lauthals „Öffnen!" schrein: – –
Doch er war klug und ließ sie nicht herein.

*:*Man konnte ihm nicht ewig böse sein!*

Kindersonett zum Zombie

Der Zombie ruht
am Tag. Er wacht
nur in der Nacht
und sucht nach Blut.

Er (kurz und gut)
gehört mit Macht
bespuckt, verlacht
und ausgebuht.

Der Zombie – nein,
was sag ich hier?
Das kann nicht sein –

ich korrigier
mich, denn ich mein
ja den Vampir!

Philip Saß

Schreibschule

Wenn du dichten willst, beginn halt. Sorg dich bloß nicht um den Inhalt,
frag dich nie: "Wo führt das hin?", halt dich mit so etwas nicht auf.
Was du schreibst, muss sinnlich beben, muss sich heben, eben leben,
und nicht zwingend Sinn ergeben. Lass der Feder freien Lauf.

Find ein Versmaß und bespiel es (aber kein zu diffiziles),
und wenn dir keins einfällt: Stiehl es!, denn es gibt ja schon genug.
Sitzt du dann im Kerzenscheine, kommt das Thema von alleine.
Du wirst sehen, was ich meine, denn ich bin erschreckend klug.

Da dein Anfang fulminant war, weil der Steputat zur Hand war,
wird der Rest (obschon vakant) wahrscheinlich ebenfalls gedeihn.
Nutz gern Füllsel: lalaladi; Günter Grass steht im Conrady,
allzu anspruchsvoll muss da die Dichtung also gar nicht sein.

Denke breit, dir darf nicht bang sein, ein Gedicht kann gerne lang sein,
denn dann wird's ja wohl von Rang sein... Nutze diesen Glauben aus!
Fülle circa 100 Zeilen, dann wird dich Erfolg ereilen,
doch es schmerzt mich mitzuteilen – mit "Erfolg" mein ich: Applaus.

Weil: Mit Geld darfst du nicht rechnen, was ich frech und großes Pech nenn,
denn versuche mal, mit Blech 'nen Trip nach Sylt zu finanziern ...
Deine Leser sind exotisch, schwach im Geiste und neurotisch,
doch weiß Gott nicht *so* idiotisch, dich gerecht zu honoriern.

Ach, ich schweife ab. Wo war ich? All die Wut im Bauch macht fahrig
(und der Hunger!). Leser? Ah, richtig. Betrüg sie um ihr Glück!
Denn die glauben allen Dingen, die man plappern kann (und singen).
Schreib ruhig Quatsch: Er muss nur klingen!, und da hilft der Endreim sehr.

Der Historiker

Er findet raus, was Bismarck las,
wenn der sich einmal sonnte.
Er weiß, dass Südamerikas
Bevölkerung viel Gold besaß;
und auch, was Adolf Hitler aß,
bevor er's nicht mehr konnte.

Er hält an großen Werten fest
und liebt nur, was bemoost ist.
Er schätzt die Wirkung von Asbest,
und trennt den Müll, wenn man ihn lässt,
in Tradition und Überrest,
weil er nicht ganz bei Trost ist.

Man findet ihn oft ungemein
gelehrt, ja manchmal: geistreich.
Doch einst lässt er die Forschung sein,
verfällt dem Wein sowie auf ein
paar Enkeltrickbetrüger rein
und speist reich. Und vergreist reich.

Philip Saß

Gesang des Metzgers

Ich schlachte Vieh, ich schlachte Vieh,
in immer gleichen Schichten.
Man bringt sie mir. Ich töte sie.
Das ist nicht nett. Das war es nie.
Ich schlachte Vieh, ich schlachte Vieh,
um's in der Folge appeti-
tanregend anzurichten.

Ich haue drauf, ich haue drauf.
Sie sehn nicht mal mehr Sterne.
Ich räum in ihrem Innern auf,
beende ihren Lebenslauf.
Ich haue drauf, ich haue drauf,
und bring das Fleisch zum Hofverkauf.
Dort nehmen's alle gerne.

Ich schlafe gut, ich schlafe gut,
nur selten träum ich trüber:
Dann steh ich vor der Höllenglut,
aus der es rinderähnlich muht.
Ich schlafe gut, ich schlafe gut,
nur manchmal tropft aus Wänden Blut.
Na ja, das geht vorüber.

Beitrag für ein literarisches Ausmalbuch
Zur Aufregung um Jan Böhmermanns Erdoğan-Gedicht

Sie lesen ein Gedicht, das nicht verletzen,
ja: alles außer provozieren will.
Sein Ton ist sanft, sein Witz ist zart und still,
es widerstrebt ihm, Menschen aufzuhetzen.

Sie dürfen sich, falls Sie noch stehen, setzen,
und sich entspannen: Niemand hier ätzt schrill.
Die Kerze brennt, es duftet nach Vanill,
und selbst die Weltanschauung ist so nett (Zen).

Die Form des Lieds ist lediglich geborgt,
doch viele brave Einfälle erhelln es.
Man will Sie durchaus nicht vor Fragen stelln: Es

ist rundweg für Ihr Wohlergehn gesorgt.
Sie haben Durst? Schon wird ein Wein entkorkt,
dazu ein guter Reim, ah!, das ist Wellness.

Philip Saß

Frühlingslob

Ob ihr wollt oder nicht: Jetzt entsteht ein Gedicht,
    das den Frühling erschöpfend behandelt.
Macht euch bitte bereit für ein Lied auf die Zeit,
    da sich Wald, Wiese, Flur, sprich: die ganze Natur
    endlich wieder zum Wärmeren wandelt.
Ja, der schönste Gesang, der der Menschheit entsprang,
    soll mir mit dieser Hymne gelingen.
Doch ich schreib sie bloß hin, weil ich Lyriker bin,
    und die pflegen heut nicht mehr zu singen.

Gut. Der Konsens geht so: Alle Menschen sind froh,
    wenn die Tierwelt erwacht und ein Blütenmeer lacht,
    wenn die Temperatur langsam steigt und die Uhr wieder
    vor- (oder rückwärts?) gestellt wird.
Wenn die Krokusse blühn und das ewige Grün
    Anfang/Mitte April an die Luft kommen will,
    wenn die Welt also wieder zur Welt wird;
Oh, wer hat es nicht gern, wenn der Weihnachtsstern fern
    Richtung Jupiter irrt und ein Schmetterling schwirrt
    neben Hummeln und Wespen und Bienen?,
wenn das Eichhörnchen röhrt und es niemanden stört,
    dass ich nachfolgend weiteres Vieh nenn:

Denn da wär noch das Reh und die Maus und der See-,
    nein: der Teichmolch (doch der intressiert hier nicht sehr),
    und der Fink und der Star, und das Adebar-Paar,
    und das Füchschen: das Füchschen! Wer liebt's nicht?
Dann noch Gänse samt Brut, und jetzt ist es auch gut
    mit der Auflistung: Mehr Tiere gibt's nicht.
Ach, ich könnte noch breit von der herrlichen Zeit
    zwischen Winter und Sommer erzählen,
denn es fällt mir nicht leicht, wenn der Maienwind seicht
    um mein Außenohr streicht und der Reimvorrat reicht,
    einen kritischen Ansatz zu wählen.

Schaut!, der Schneeabfall taut! – Doch ihr gähnt ja schon laut,
    und ihr seufzt sämtlich schwer, denn ihr hofftet auf mehr,
    und ihr mögt ja auch Poesie, aber nicht so, und es liegt auf
    der Hand, dass euch Mörikes Band, das da weht durch die
    Welt (fuck, der Satz ist verstellt und geprellt und zerdellt),
    sehr viel besser gefällt: Hab ich recht? Ah, da nickt ihr
    energisch.
Ich versteh eure Sicht, und ich weine auch nicht,
    ich bin nur gegen Gräser allergisch.

238 AutorInnen
2.000 Seiten Komische Lyrik
15 kg Typoskripte
Klare Entscheidung

**Die Jury hat ihre
Schuldigkeit getan.**

Die Jury

Die Jury setzte sich aus astreinen ExpertInnen auf dem Feld der Komischen Lyrik zusammen. Sie sind es gewohnt, komische Texte zu schreiben, zu redigieren, zu bestaunen – oder wegzuschmeißen. Diese Vier kennen das literarische Geschäft aus unterschiedlichen Perspektiven und nahmen es auf sich, die Einsendungen zu bewerten.

Corinna Stegemann, Autorin, frühere taz-Wahrheit-Redakteurin
Christian Maintz, Autor, Herausgeber und Dozent
Thomas Gsella, Autor, früherer Titanic-Chefredakteur
Peter P. Neuhaus, Autor und Theatermacher

Die vier tapferen Reimschneiderlein haben sämtliche eingereichten Texte gelesen und sich auf fünf Kandidaten für den Publikumspreis geeinigt. Danach haben sie mit letzter Kraft den Preisträger des Jurypreises bestimmt, bevor sie in tiefen Erschöpfungsschlaf gefallen sind.

Am 12. Mai 2017 kam die Jury im Zimmertheater SCARAMOUCHE unter dem Mendener Hallenbad zur öffentlichen letzten Jurysitzung zusammen. Hier wurde vor Publikum gefachsimpelt, gelacht, gestöhnt – und gelesen. Denn was die TeilnehmerInnen des Großen Dinggangs können, kann die Jury schon lange: komische Texte schreiben und vortragen.

Das war ein Spaß!

Corinna Stegemann

»Wer eine Scheibe Brot mit Witz belegt, muss auch bereit sein, sie im Keller zu essen.«

Corinna Stegemann studierte Germanistik, Geschichte und Politik an der Westfälischen Wilhelms-Universität in Münster. Neben dem Studium arbeitete sie als Regieassistentin am Wolfgang Borchert Theater und war Mitarbeiterin des legendären Fanzines Luke & Trooke. Von 2000 bis 2013 war sie Redakteurin der Humor- und Satireseite der taz, „Die Wahrheit".

Thomas Gsella

»Komische Lyrik ist wie Luft
oder Essen und Trinken:
Man muss sie nicht haben,
aber ohne macht es keinen Spaß.«

Thomas Gsella war viele Jahre lang Redakteur und von 2005
bis 2008 Chefredakteur des Frankfurter Satiremagazins Titanic.
2004 erhielt er für seine ersten Gedichtbände den „Cuxhavener
Joachim-Ringelnatz-Nachwuchspreis für Lyrik", 2011 den
„Robert-Gernhardt-Preis" für Reimgedichte zu Tierbildern von
Greser&Lenz. Gsella schreibt Gedichte und Prosa für den WDR,
SWR, die FAZ, Die Zeit, Titanic, Spiegel Online, taz, SZ-Magazin.
Er verfasst wöchentliche Reimkolumnen für den „stern" und
das Schweizer „Magazin".

Christian Maintz

»Ob Jambus oder Dactylus:
Der Endreim steht am Zeilenschluss.«

Christian Maintz ist Autor, Herausgeber und Dozent an der Hamburger „medienakademie". Er schreibt u.a. regelmäßig Beiträge für die „Wahrheit"-Seite der taz. Langjährige Duett-Arbeit mit Harry Rowohlt, Barbara Auer, Nina Petri, Peter Lohmeyer, Gustav Peter Wöhler. 2002 und 2005 erhielt er den Wilhelm- Busch-Preis, 2008 den Publikumspreis des Menantes-Preises, 2009 den Wilhelm-Busch-Förderpreis.

Peter P. Neuhaus
»Wer reimt, hat recht!«

Peter P. Neuhaus ist Grafiker und Autor Komischer Lyrik aus Menden. Seit 1983 ist er bei der Katastrophen Kultur e.V. dabei und steht seitdem immer wieder auf der Bühne des SCARAMOUCHE. Seit 2011 schreibt er komische Lyrik und Kurzprosa, seine Texte erscheinen auf der „Wahrheit"-Seite der taz und manches früher auch in der Fachmann-Kolumne des endgültigen Satiremagazins Titanic.

Die Katastrophen Kultur e.V.

Die Katastrophen Kultur e.V. (KK) fördert und schafft seit ihrer Gründung im Jahr 1982 Kunst und Kultur in der Region. Der Verein erhält außer Mietzuschüssen und einer geringen Vereinsförderung keine finanzielle Unterstützung. Vielmehr wird das Programm und unser Zimmertheater SCARAMOUCHE mit 100 Sitzplätzen durch Eigeninszenierungen und durch die ehrenamtliche Eigenleistung von ca. 150 Mitgliedern ermöglicht.

Bereits der Name des Vereins „Katastrophen Kultur" verrät, dass der Verein sich mit seinem Programm vom allgemeinen Kulturbetrieb unterscheiden möchte. Die Inszenierung von kulturellen Katastrophen liegt ihm am Herzen, das Freche, das Ungewöhnliche und vielleicht auch nicht immer das, was dem Massengeschmack entspricht – so wie „Der Große Dinggang".

Highlights der letzten Jahre waren neben diversen Dürrenmatt-, Dario Fo- und Frisch-Inszenierungen auch Projekte wie „Der kleine Horrorladen", die „Rocky Horror Show", „Menden darf nich enden", „Menden 11" und „Der nackte Wahnsinn".

Für manche Projekte reicht das eigene Zimmertheater SCARAMOUCHE nicht aus und so wurde das Gelände am Mendener Hexenteich zum Open Air „Sommernachtstraum" oder die Hubertushalle beherbergte für das Stück „Alwine" Elfen, Hexen und Ritter.

Das eigene Programm wird vervollständigt durch Auftritte von unterschiedlichsten Künstlern und Gruppen. Namen wie Erwin Grosche, Max Goldt, F.W. Bernstein, Der Telök, Swinger Club, die Drei Tornados, Ernst Kahl, Harry Rowohlt, Jürgen Becker, Didi Jünemann, Robert Gernhardt, F.K. Waechter, Wiglaf Droste, Moritz Netenjakob, Martin Sonneborn, Thomas Gsella, Oliver Maria Schmitt, Arnulf Rating und Sabine Heinrich sind ein Ausschnitt aus dem abwechslungsreichen Programm der Katastrophen Kultur. Aber auch den unbekannten Künstlern und Gruppen bietet die KK eine Auftrittsmöglichkeit. So stand schon der eine oder andere bekannte Künstler vor Jahren auf unserer Bühne: zum Beispiel Bastian Pastewka und Bernhard Hoëcker, die bei uns in den 80er Jahren noch als Comedy Crocodiles auftraten.

Aktuelle Infos findet man hier: www.katastrophenkultur.de

Die Förderer

Wir konnten 3 Partner finden, die den Wert des Lyrikpreises verstanden und ihn finanziell unterstützen. Darüber sind wir sehr froh – und das macht uns auch ein wenig stolz. Es freut uns besonders, Förderer aus der Region gefunden zu haben.

Die Stadtwerke als Partner für das Gemeinwohl. Ihre Verantwortung für das Gemeinwohl in Menden haben die Stadtwerke stets im Blick. Sie unterstützen Freizeit-, Sport- und Kulturvereine sowie vielfältige gemeinnützige Projekte und Organisationen mit Geld- und Sachspenden. „Wir werden auch weiterhin unseren Beitrag zu einer hohen Lebensqualität in Menden leisten", stellt Geschäftsführer Bernd Reichelt heraus, „schließlich richtet sich unser Handeln nach der Devise: ‚Aus Menden – für Menden'."

Der Große Dinggang ist ein Wettbewerb, den die Stadtwerke schon bei der ersten Präsentation förderungswürdig fanden. So engagiert sich das Unternehmen für ein Mendener Projekt, das die heimische Kulturszene weiter belebt und die Stadt gleichzeitig auch regional und bundesweit stärker sichtbar sein lässt.

LWL
Für die Menschen.
Für Westfalen-Lippe.

Kultur in und für Westfalen bedeutet, möglichst vielen Menschen die Kultur Westfalen-Lippes zugänglich zu machen. Der LWL unterstützt die Kultur in der Region mit einem breitgefächerten Spektrum an Förderungen. Diese umfassen neben der finanziellen Unterstützung von Institutionen wie den Landestheatern und -orchestern auch weitere institutionelle Förderungen in den Bereichen Wissenschaft, Bildende Kunst, Heimatpflege und sonstige Kulturpflege. Zudem werden auch einzelne Projekte und Publikationen gefördert, vor allem in den Sparten Musik, Literatur, Wissenschaft und Heimatpflege.

Mendener Bank eG

Das einzige noch ureigene, genossenschaftliche Geldinstitut findet der interessierte (Neu-) Bürger in Bösperde, Lendringsen und Menden-Stadt. Mehr als 6.500 Mitglieder und rund 30.000 Geschäftspartner und Kontoinhaber schätzen nicht nur unsere vielfältige Produktpalette, sondern insbesondere die qualitativ gute Service- und Beratungsleistung unserer 69 Mitarbeiter.

Seit Jahren sind wir neben Sport und Soziales Förderer von Bildung und Kultur in unserer Stadt. Daher mussten wir auch nicht lange überlegen, als Peter Neuhaus auf uns zukam und uns um finanzielle Unterstützung für sein Projekt bat. Seit 33 Jahren ist Scaramouche bereits ein etabliertes Zimmertheater in Menden. Durch den überregionalen Wettbewerb 2017 für komische Lyrik wird es auch über die Stadtgrenzen hinaus ein kultureller Botschafter unserer Hönnestadt sein.

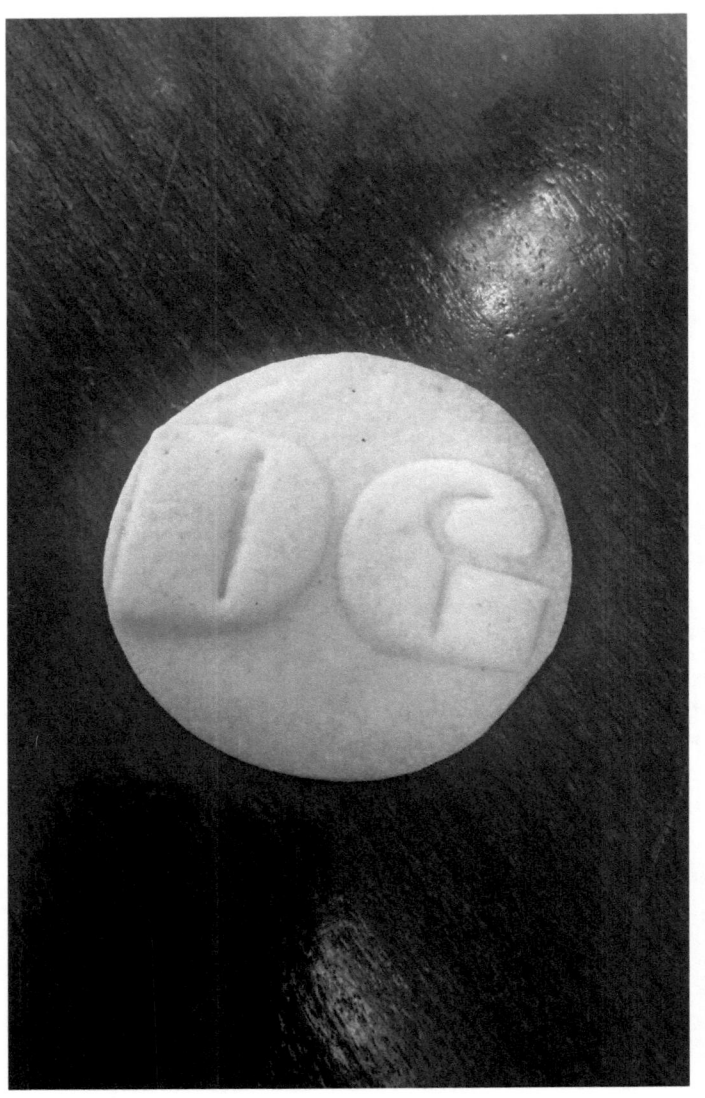

Danke.

Sowieso:
F.W. Bernstein, Janine Bauer

Für Lesen, Entscheiden und Spaßhaben:
der besten Lyrik-Jury der Welt

Der Eingangs-Poststelle:
Laura Schmidt

Der Katastrophen Kultur e.V.:
Christopher Smith, Wolfgang Weist, Jörg Wiedemann, Martin Smith, Bernadett Janßen, Miriam Vietzke, Bettina Post, den Menschen hinter Theke und Kasse

Den Videonauten:
EinZ Design, Corinna Häußler & Nils Bonk

Für Gestaltung, Website, Plakat, Buch und vieles mehr
neuhauswiedemann oHG

Impressum

Der Große Dinggang erscheint im Eigenverlag
als Dokumentation des Wettbewerbs für komische Lyrik 2017

Alle Rechte bei den Autoren (Gedichte) und Peter P. Neuhaus
Menden (Sauerland), 2017

Anschrift und Kontakt:
www.dergrossedinggang.de | www.katastrophenkultur.de

ISBN 978-3-7431-1226-1
Herstellung und Verlag BoD – Books on Demand, Norderstedt